AF312554

LETTRE

A

LOUIS BLANC.

QUESTION DE L'AMNISTIE.

LETTRES DE M. LOUIS BLANC SUR L'AMNISTIE.

━━━◆━━━

AU RÉDACTEUR EN CHEF DU *TIMES*.

Monsieur,

L'annonce d'une amnistie générale, telle qu'on la lit dans les divers journaux du soir, me suggère quelques réflexions pour lesquelles je prends la liberté de vous demander une place dans vos colonnes.

Est-il convenable que la grâce vienne de qui vint l'offense ; qu'une absolution soit accordée pour des " crimes " qui n'ont pas été commis, et que ceux-là soient pardonnés qui, victimes de la plus cruelle iniquité, ont été traînés hors de leur pays, arrachés à leurs familles, frappés dans toutes leurs affections, et condamnés à tous les maux ? C'est ce que je ne rechercherai pas ici. Parlant en mon nom, en mon nom seul, et me plaçant à un point de vue purement pratique, je reconnais que, dans sa position, Louis Bonaparte ne pouvait guère faire, en ce moment, pour nous plus qu'il n'a fait. Mais il n'en est pas moins vrai qu'une faveur dédaigneuse, dangereuse peut-être, n'est pas tout ce qu'ont droit d'attendre des cœurs qui ont saigné si longtemps. Le *pardon* ne saurait payer les dettes de la *justice*.

Mais brisons là. Des considérations d'un ordre plus élevé et d'un intérêt plus général sont ici en jeu.

Que la liberté soit entièrement et sincèrement rendue à la France : quant à moi, j'applaudirai. On peut oublier ses propres injures, mais celles de son pays !...

On nous rouvre la France : tant qu'elle ne s'appartient pas, pourquoi en prendrions-nous le chemin? Pour compléter la victoire de la force sur le droit? Pour achever de mettre le despotisme impérial au-dessus de tout contrôle? Pour éteindre les quelques phares qui, entretenus par des mains françaises, peuvent encore briller dans le lointain aux yeux de notre infortuné pays? Pour vivre esclaves parmi les esclaves? Mieux vaut rester sur une terre libre, là où être exilé, c'est être un homme.

On raconte que, dans la révolution de 1789, à la première grande fête du Champ-de-Mars, on remarqua une cinquantaine d'Anglais qui portaient sur la poitrine une médaille avec ces mots: *Ubi Libertas, ibi Patria.* Sans prétendre ni juger, ni blâmer ceux qui ne partageraient pas à cet égard ma façon de voir, je crois pouvoir dire que telle est la devise de quiconque a un sentiment exalté de la dignité de sa nature.

Non que notre cher pays me paraisse, parce qu'il est momentanément enchaîné, avoir moins de droits à notre absolu dévouement: non, non! Une combinaison fatale de circonstances impossibles à maîtriser, voilà ce qui a créé cet état d'abaissement intellectuel et d'agonie morale où la France est aujourd'hui plongée; la force brutale—rien de plus,—voilà ce qui l'y maintient. C'est pourquoi nous aimons la France avec un redoublement d'amour, la sachant où elle est. Que, tôt ou tard, elle reprenne à la vie et redevienne elle-même, comment en douter? Pour moi, si j'ai une croyance indéracinable et à laquelle je tienne plus qu'à la vie, c'est celle-là. Mais aussi longtemps que la France sera condamnée au silence et à la nuit, que quelques-uns,—du moins quelques-uns—de ses fidèles enfants se résignent à vivre loin d'elle, pour garder ainsi le pouvoir de représenter son vrai génie, de donner un écho à ses douleurs, d'en dénoncer les causes, d'invoquer bien haut ses souvenirs les plus glorieux, d'affirmer tant d'aspirations vers la liberté qu'on refoule en son cœur, et de proclamer en son nom les principes éternels de la justice et les droits de la raison humaine.

Londres, le 17 août 1859.

LOUIS BLANC.

—

AU RÉDACTEUR EN CHEF DU *TIMES*.

Monsieur,

Parmi nos co-exilés, il en est qui sont dans une position horrible et que leurs familles rappelent avec une impatience pleine d'argoisses. Quelques-uns de ceux-là, assiégés de doutes, m'écrivent pour savoir si mon opinion est qu'ils ne doivent pas profiter de l'amnistie. Inutile de vous signaler l'intérêt qui s'attache à cette question, et c'est pourquoi je vous prie de vouloir bien publier la réponse.

Que l'amnistie soit accueillie avec un sentiment de satisfaction ardente et sans réserve, en tant qu'elle s'applique aux infortunés qui vont se voir arrachés à la déportation, à la nuit des cachots, à la mort dans la vie, qui pourrait y contredire? Qui pourrait penser sans émotion à ces mères, à ces femmes, à ces enfants, que l'espoir et l'attente d'embrasser des êtres qui leur sont chers, font tressaillir de joie?

Et ceux-là aussi ont pu apprendre la nouvelle de l'amnistie avec un vif battement de cœur, dont le retour se justifie par une situation plus particulièrement pénible et des raisons de famille d'un caractère plus pressant. Car le problème est un de ceux dont la solution ne rentre pas dans la catégorie des engagements de parti, mais relève de la responsabilité personnelle. A des hommes placés dans des circonstances très différentes, une question de ce genre ne saurait se présenter tout à fait sous le même aspect. Or, l'amnistie étant sans conditions, il n'y a pas ombre de déshonneur à en profiter, surtout pour aller remplir ces devoirs de famille qui, comme les devoirs de la politique, ont leurs exigences suprêmes et leur sainteté.

Il est donc au-dessus de tout blâme, celui qui, sous l'empire de ces nécessités et de ces sentiments, profite d'une occasion heureuse, mais ne s'incline pas devant une grâce.

D'un autre côté, il y a, dans la proscription, des hommes qui, sans être le moins du monde animés du vain désir de se poser en martyrs, doivent à leur position même de sacrifier toute considération personnelle à ce qu'ils regardent comme un devoir public. S'ils croient avoir de suffisants motifs pour juger que leur retour, outre qu'il serait sans sécurité, ne servirait ni leur cause ni leur parti, ils sont parfaitement fondés à demeurer là où ils ont le droit de dire leur pensée, toute leur pensée, sous la protection de la loi.

J'ai déjà reconnu—et certains commentateurs ont voulu l'ignorer—que, pour nous, Louis Bonaparte n'avait pas à faire plus qu'il n'a fait. Mais l'amnistie n'est point le paiement de la dette que la France réclame, et de ce paiement seul il dépend que l'amnistie devienne un acte sincère et vraiment national.

Qu'il soit fait justice de l'odieux régime qui confisque la liberté personnelle sur un simple soupçon, régime pire que cette fameuse *loi des suspects* qui marqua les plus sombres jours de la Révolution française—qu'il soit solennellement posé en principe que désormais nul ne sera frappé comme coupable qu'après avoir été, par la voix du jury, déclaré tel — que la presse cesse d'être baillonnée, par l'abolition de ce cruel système d'avertissements qui substitue au jugement de nos pairs le caprice d'un seul, et dévore une fortune pour punir un mot — que les représentants du peuple, librement élus, soient reçus à parler bien haut devant le pays, et qu'aucune entrave ne soit mise à la publicité des délibérations, l'amnistie alors aura un sens définissable, un sens clair. Jusque là, c'est un acte auquel reste attaché le soupçon, et qui est une preuve de faiblesse, non de force.

Le jour où ce que je viens d'indiquer sera fait—et j'insiste sur ce point pour aller au-devant de toute interprétation fausse — il pourra être dans le désir, et même du devoir, de ceux qui se seraient résignés à un exil volontaire, de rentrer dans leur pays, non pour imposer de force à la majorité du peuple leurs opinions particulières, mais pour les soumettre à l'épreuve d'une discussion paisible et libre, de telle sorte qu'on les admette si on les juge bonnes ou qu'on les rejette dans le cas contraire.

Londres, le 23 août 1859.

LOUIS BLANC.

DÉCLARATION.

Personne n'attendra de moi que j'accorde, en ce qui me concerne, un moment d'attention à la chose appelée amnistie.

Dans la situation où est la France, protestation absolue, inflexible, éternelle, voilà pour moi le devoir.

Fidèle à l'engagement que j'ai pris vis-à-vis de ma conscience, je partagerai jusqu'au bout l'exil de la liberté. Quand la liberté rentrera, je rentrerai.

VICTOR HUGO.

Hauteville House, 18 août 1859.

DÉCLARATION

VOTÉE A L'UNANIMITÉ PAR LES PROSCRITS FRANÇAIS
DE LA COMMUNE RÉVOLUTIONNAIRE.

A NOS CONCITOYENS.

L'édifice est couronné. L'Empire a comblé son injure envers nous ; il la fait pleine et entière ; il nous amnistie. Insulte, piége ou peur de l'avenir, il nous amnistie... nous ne l'amnistions pas. Les principes ne pardonnent pas. Les Républicains de Février ne pardonnent pas à l'Empereur de Décembre. Ils protestent contre son pardon. Après avoir osé punir, il ose absoudre, il consomme l'usurpation. Le crime n'a pas le droit d'absoudre les victimes. Il n'a pas plus le droit de grâcier que le droit de proscrire. Le droit de grâce ne va qu'avec le droit de peine et ce droit est à nous, à nous contre lui. Ce que nous étions hier, nous le sommes aujourd'hui et nous le serons demain, toujours et partout, en exil ou en France, malgré coup d'Etat et coup de grâce, ayant le droit sur lui, ayant le droit pour nous. Contre l'exercice de notre droit intact et souverain qui prime et sa clémence et sa rigueur, il y avait quoi ? Une force de fait qui cède, un obstacle qui tombe, une porte qui s'ouvre. Libre à nous d'en user maintenant comme bon nous semble pour les besoins de notre cause. A lui, nous ne devons que justice. Nous la lui ferons tôt ou tard. Si donc tôt ou tard nous rentrons chez nous, nous le déclarons à cette heure, nous rentrerons comme nous sommes sortis, en citoyens, nous rentrerons de notre droit plein et entier et pour mieux faire tout notre devoir..

Le délégué,
FÉLIX PYAT.

Londres, le 21 août 1859.

LETTRE A LOUIS BLANC.

Mon cher ami,

Nommé naguère avec vous, Victor Hugo et quatre autres citoyens, membre d'un comité d'union par les proscrits, je regrette que nous n'ayons pu nous aboucher sur la question d'amnistie pour une déclaration commune ; et je me vois forcé de vous donner publiquement les motifs de notre décision, différente de la vôtre à ce sujet.

Peut être faisons-nous beaucoup de bruit pour rien ? Peût-être eût-il fallu accueillir la *chose* avec le silence du dédain, la traiter comme Siéyès traita Capet, sans phrases, ou tout au plus avec un mot, celui de Cambronne ? Mais deux voix magistrales se sont fait entendre. Et, tout en ne parlant qu'en votre nom, Victor Hugo et vous, vous êtes de ceux qui parlent pour d'autres et qui obligent à répondre.

Franchise est républicaine. Dans une question si grave pour tous, je voudrais donc, non point partager votre opinion qui me semble fausse, mais votre talent, pour vous ramener à la nôtre que je crois vraie. Toutefois si je n'arrive pas à vous convaincre et si, au contraire, j'avais le malheur de vous irriter, soyez-en sûr d'avance, ami, ce ne sera la faute ni de la bonne cause ni de la bonne volonté.

Sur le principe nous sommes d'accord. Le droit est sans conteste. Grâce et peine impériales sont nulles de soi. Tout citoyen français a droit d'être en France, excepté celui que la République a amnistié par trop de bonté et qui a tué la République. Mais ce droit vaut il mieux l'exercer ou le renoncer ? Est il plus digne pour nous, plus utile pour tous, que nous rentrions ou restions ? Toute la question est là. Question de pratique et de tactique, comme vous dites, question de conduite, en vue du bien public et pour l'avantage de notre parti et de notre pays. Comme vous, nous protestons contre la double prétention du crime à punir et à gracier. Nous protestons comme vous pour le droit inflexible, absolu, éternel, de la justice et de la raison ; mais nous voulons garder aux plus braves et aux plus forts la liberté de porter eux-mêmes leur protestation. Les proscrits français ayant le pouvoir comme le droit d'être en France, serviront-ils mieux la France en Angleterre ? Serviront-ils plus utilement et plus dignement la liberté dehors que dedans ? Le différend n'est que là. N'exagérons ni en plus ni en moins l'influence des proscrits. Vous dites, qu'ils l'exerceront mieux de plus loin. Nous disons, nous, s'ils en ont une, qu'ils l'exerceront mieux de plus près. Nous disons : l'amnistie est un moyen pour l'empire. Pourquoi ne serait-elle pas un moyen pour la liberté ? Pourquoi rejeter ce moyen d'avance sans savoir s'il n'aura pas son jour et son heure d'opportunité ? Pourquoi nous engager d'abord et quand même à ne pas l'employer ? Pourquoi nous refermer volontairement le passage ? Pourquoi nous condamner à l'impuissance, quelle que soit l'occasion, la convenance, l'utilité, la nécessité d'agir ? Ce n'est pas le tout que de mépriser l'ennemi en perspective, ce n'est pas le tout que de protester en hommes dignes et libres, ce n'est pas le tout que d'écrire en anglais pour la France qui lit peu, même le français, et qui ne lit jamais qu'avec la permission de l'autorité. Pourquoi, pourquoi donc réduire *à priori* les reste du parti à rien, tous les hommes d'action à néant ? Quand la liberté rentrera, nous rentrerons, dites vous : nous disons à l'inverse : Quand nous rentrerons, la liberté rentrera. Nous ne rentrerons que pour la faire rentrer.

Ainsi, tout en reconnaissant ce qu'il y a de superbe dans votre sentiment, ce qu'il y a de répugnant à respirer le même air que le tyran, ce qu'il y a de décourageant dans l'état de prostration intellectuelle et d'agonie morale où gît la France, nous ne pouvons conclure comme vous que, pour la sauver, ses plus dignes fils doivent la quitter ; qu'ils doivent s'éloigner de cette douloureuse mère, la fuir comme une pestiférée ; que les médecins doivent abandonner la malade pour mieux la guérir ; qu'ils doivent la soigner à distance, la traiter par correspondance et traduction et discrétion ; qu'ils doivent laisser le mal sans résistance directe, sans remède intérieur, sans nul obstacle au-dedans, se tenant au-dehors, à l'écart, en liberté et dignité ; bref, qu'il faut laisser l'ennemi maître de la place pour l'en mieux chasser ; qu'il faut, pour le mieux vaincre, l'attaquer de loin au lieu de le serrer de près et pour le mieux toucher, le viser de cent lieues au lieu de le tirer à bout portant.

Non, le bon sens du parti ne peut conclure ainsi. La polit'que est science trop positive, elle tient trop compte des faits, pour que nous n'admettions pas l'importance du moyen. Prenons toujours ce qu'il y a de bon dans le sens commun et défions-nous parfois du sublime. Il vous a fait voter jadis pour la rentrée de celui qui a tué la République. Il vous fait parler maintenant contre la rentrée de ceux qui peuvent tuer l'Empire.

Qui peut refaire la République ? Ceux qui l'ont faite. Pour faire une révolution, prenez des révolutionnaires. Sagesse de cuisinière comme de Machiavel. Nous sommes d'autant plus portés à croire à la supériorité de la recette, qu'elle était tout à fait la vôtre aux dernières élections de la France. Votre avis d'alors était exactement le nôtre d'aujourd'hui. Heureusement pour nos lecteurs et pour nous, nous avons là tout votre talent de notre côté : vous écriviez le 20 février 1857 : "Aide-toi, le ciel t'aidera !" Voilà tout d'abord

" ce que je réponds à ceux qui m'ont demandé : Aux
" prochaines élections que faut-il faire ?

" .... Il est vrai que les difficultés de la situation
" sont immenses ; qu'un mur de baïonnettes entoure
" Paris désarmé et que le peuple, dans une atmosphère
" de délation, suffoque. Quel mouvement d'ensemble
" est possible, quand la rencontre de vingt personnes
" sur un même lieu est réputée crime ? Raison de plus
" pour qu'on ne néglige aucun des moyens d'action
" qui restent.   La politique d'abstention ici serait fa-
" tale, gardez que la paralysie ne soit réduite en sys-
" tème.   S'abstenir ne servirait qu'à décourager les
" bons, à réjouir les pervers, à fournir un masque aux
" sceptiques, à livrer les hommes de cœur et à protéger
" les lâches. Le nœud gordien ne se dénoue pas de lui-
" même. Si vous ne savez rien ni oser, ni tenter, atten-
" dez-vous à voir la France passer de l'engourdissement
" de l'habitude dans le sommeil de la honte et du som-
" meil de la honte, dans celui de la mort......

" Autre question : que feront les candidats élus, s'il
" est permis de croire à une victoire électorale même
" partielle ? Iront-ils prendre rang parmi des législa-
" teurs eunuques, dans l'anti-chambre officielle de
" l'empire ? impossible. Prêter serment avec inten-
" tion de le tenir serait un crime sous forme de suicide.
" Le prêter sérieusement avec arrière-pensée de le vio-
" ler, serait bassesse..... Que faire alors ? la seule chose
" possible, selon moi, serait de tracer aux candidats,
" comme condition de suffrages obtenus, un rôle de na-
" ture à produire en France, non pas une agitation super-
" ficielle, mais une émotion profonde et durable. Sup-
" posons que dans une occasion solennelle, à propos
" d'un de ces événements qu'on ne peut ni taire ni
" voiler, parce qu'ils fixent les yeux du monde, des
" hommes d'une position sociale élevée se fussent mis
" d'accord pour exprimer courageusement au nom de
" la France, ce qu'elle pense, ce qu'elle veut, ce qu'elle
" souffre, le but que je viens d'indiquer ne serait-il

" pas atteint ? Eh bien, l'ouverture du Corps-législa-
" tif fournit l'occasion désirée.   Que les élus du peu-
" ple ce jour-là, ne se bornent pas au refus du serment.
" Ce qu'il faut c'est un refus motivé de telle sorte
" qu'on y entende vibrer ce grand cri qu'a retenu au
" fond des consciences le succès prolongé de l'attentat
" par où la liberté de la tribune et celle de la presse
" ont péri ; interrompus, que les élus de la nation in-
" sistent ; menacés, qu'ils résistent jusqu'à ce que la
" force brutale intervenant les *empoigne*.

" Je me sers à dessein de ce mot grossier parce qu'il
" a une valeur historique.   Qui ne sait combien fut
" favorable à la cause de la liberté, sous le règne de
" Louis XVIII, le scandale parlementaire qui montra
" Manuel *empoigné* sur son banc par des gendarmes.
" Ce traitement indigne, loin de l'avilir, lui fut un
" impérissable titre de gloire.   J'avoue que sous le
" règne de Louis XVIII, l'opinion publique avait plus
" de force que ne semble lui en laisser le régime im-
" périal ; et je pense qu'aujourd'hui toute protesta-
" tion *individuelle* serait de nul effet, si même elle n'en
" avait un funeste, en jetant sur ceux qui ne s'y se-
" raient point associés l'ombre d'un triste contraste.
" Mais comment mettre en doute la portée d'un dé-
" ploiement *collectif* d'énergie, résultant d'une attente
" préalable entre les élus du peuple.

" Qu'arriverait-il ?

" Le gouvernement impérial se contenterait-il de
" dévorer un pareil affront ?....

" Les opposants seraient-ils emprisonnés, jugés ou
" proscrits sans jugement ? Et quand bien même cela
" serait ? La France a besoin d'hommes dont le talent,
" la position sociale et la renommée rendent le dé-
" voument utile.   Des cœurs dévoués battent cer-
" tainement sous la blouse de l'ouvrier et sous l'hum-
" ble habit du paysan ; mais du complet asservissement
" de la presse, il résulte que les sacrifices individuels
" venant d'hommes obscurs ne peuvent qu'être per-

" dus, nul ne les connait ; comment contribueraient-ils
" au réveil de l'esprit public? mais que des hommes
" éminents donnent, dans une circonstance solennelle,
" un grand exemple du courage civique, croit-on que
" cet exemple serait inefficace?

" Le parti que je propose aurait en outre l'avantage
" de placer Louis Bonaparte dans l'alternative ou de
" s'humilier devant un jugement qui serait un des
" faits les plus saillants de l'histoire contemporaine ou
" de frapper, dans la personne d'un certain nombre de
" ses élus, le corps électoral tout entier. Et quelle ne
" serait pas l'impression produite en France, quel dé-
" menti ne serait pas donné en Europe à ceux qui af-
" fectent de croire au respect de l'Empire pour le suf-
" frage universel, si Louis Bonaparte était amené à
" étouffer avec scandale la voix de cette même souve-
" raineté du peuple dont il ne craint pas de prétendre
" que son pouvoir dérive. Laissez-le, laissez-le, s'il
" l'ose, mettre à nu les seuls vrais fondements de son
" despotisme.

" C'est à nos amis en France de décider jusqu'à
" quel point il est possible d'y réaliser le projet en
" question et quelles seraient les précautions à pren-
" dre pour le mener à bonne fin. En tout cas, la diffi-
" culté ne saurait être de rassembler un nombre suffi-
" sant d'hommes de cœur dans un pays où il y a
" toujours eu des milliers de citoyens prêts à immoler
" au bien public ou à une croyance forte leur fortune,
" leur repos, leur famille, leur vie. Le peuple en
" France, chaque page de nos modernes annales té-
" moigne de son dévouement ; et si les meneurs de la
" bourgeoisie avaient besoin d'être rappelés au senti-
" ment de leur devoir, ils n'auraient qu'à relire l'his-
" toire de leurs pères. Là ils verront comment les
" membres du Tiers Etat (20 juin 1789) réussirent à
" reconquérir leurs droits...

" Voilà l'héritage que ceux qui le tiennent de leurs
" pères doivent à leurs enfants. Je n'ignore pas que

" les héros du Deux-Décembre sont gens à ne recu'er
" devant rien. Soit. La question est de savoir si la
" France possède des citoyens capables de mettre
" quelques fois de plus tant d'audace à l'épreuve. Que
" l'homme le plus robuste soit condamné à un état
" d'incessante violence, il tombera bientôt d'épuise-
" ment. Il en est de même du despotisme... Le mal est
" que la terreur survit presque toujours aux causes
" qui l'engendrèrent. Le danger passé, la peur reste et
" de là vient que la tyrannie, même sans aucune vita-
" lité intrinsèque, peut vivre longtemps sur la réputa-
" tion de force que lui a faite un seul jour d'heureuse
" témérité. Poussez droit au fantôme, il s'évanouira.
" Pour moi, je ne mets pas en doute un instant
" l'aptitude de la France à racheter son honneur.....
" Elle se retrouvera debout, soyez-en sûr, à la voix de
" ceux qui oseront l'aimer par-dessus tout, l'aimer à
" tout prix, osez ! "

Que pourrions-nous ajouter à ces invincibles raisons?
Rien, ami, si ce n'est que vous êtes un de ces hommes éminents, exemplaires, qui doivent aimer la patrie
par-dessus tout, l'aimer à tout prix, et pour elle tout
tenter et oser. Par malheur, vous semblez avoir changé
d'amour. Ce que vous aimez par-dessus tout maintenant, c'est la liberté. Ce que vous osez à tout prix,
c'est de rester à Londres. *Ubi libertas, ibi patria*, dites-
vous avec les cinquante Anglais de la Fédération.
Mais les Anglais de l'Angleterre disent mieux : *In pa-
trid libertas !* et ils font comme ils disent. Et nous vous
répondrons de même avec une devise qui n'est ni la-
tine, ni anglaise, toute française de sens et de mot,
avec la noble devise de l'audacieux et du généreux par
excellence, du grand révolutionnaire Danton : *On
n'emporte pas la patrie à la semelle de ses souliers.* On
ne la quitte que de force. Le cœur saigne par toutes
ses fibres de s'en séparer ; il s'y rattache autant qu'il
peut et d'autant plus qu'elle a plus besoin d'aide,
qu'elle souffre davantage, qu'elle réclame plus instam-

ment soins et secours des plus tendres et des plus forts. Or, vous l'avouez, notre patrie est au plus bas, au plus mal, en danger. Cette France du droit et de l'idéal, cette France de l'humanité, cette reine détrônée, cette mère désespérée râle et crie : Au secours ! à ceux qui gardent son pur amour et son vrai génie. Elle leur crie : A moi ! relevez-moi ou tombez pour moi ! Qui donc la relèvera, sinon ceux que vous écartez d'elle : ses plus dignes fils ? Voyez le dilemme où vous vous perdez. Quoi ! les plus dignes laisseront faire aux moins dignes ! Les plus libres s'en fieront aux esclaves ! Ils attendront de ces esclaves qu'ils méprisent, ou de ce maître qu'ils haïssent une délivrance qu'ils déclarent impossible. L'individualisme, dont vous n'avez pas l'habitude, trouble et votre logique et votre mémoire. Que peut faire la chiourme sans Spartacus, l'armée sans chefs, la pâte sans levain, le feu sans poudre, les zéros sans chiffres ? Vous proclamez l'influence des meilleurs, puisque, selon vous, ils agissent même de loin, comme les phares et les astres... quand il n'y a pas trop de brouillard ; vous affirmez que les obscurs ne peuvent rien sans les dévouements illustres et les initiatives suprêmes ; que l'idée individuelle ne devient collective qu'à force de grands exemples et de hautes leçons, d'éclatants sacrifices et de glorieuses victimes. Eh bien donc, que les plus nobles et les plus purs donnent la leçon et montrent l'exemple, qu'ils aillent, à leurs risques et périls, aider les autres au lieu de les gourmander et de les déserter. Qu'ils se rapprochent de la mère-patrie ; qu'ils lui parlent de plus près, les lèvres à l'oreille ; qu'ils lui fassent entendre ces voix aimées qu'elle écoutait jadis, qu'elle n'entend plus de si loin, qui peuvent seules frapper ses sens et faire battre son cœur. Qu'ils lui disent : Mère, relève-toi, réveille-toi pour reconnaître tes vrais fils et reprendre tous tes droits ? Qu'ils ne lui laissent pas perdre entre ses bâtards jusqu'au sentiment, jusqu'au regret, jusqu'au souvenir, jusqu'au nom même de la liberté dont ils jouissent à l'écart. Sinon, prenez garde que son dernier soupir ne soit un cri de reproche; prenez bien garde que dans l'injustice de sa douleur, elle ne vous réponde avec son troupeau d'esclaves: Votre gloire est faite, ô mes fils, mais non votre tâche; vous me représentez, mais vous ne me délivrez pas; vous vous réservez pour la victoire, vous êtes trop modestes, sans vous point de victoire; vous nous conseillez de combattre, venez-y vous-même; vous ne rentrerez qu'avec la liberté, nous n'aurons plus besoin de vous. C'est bien, restez où vous êtes, fils libres et dignes, vous tenez plus à vous qu'à nous; vous êtes plus fidèles à votre dignité qu'à la patrie, à votre liberté qu'à la liberté.

Quel remords! si la France allait tomber de l'engourdissement dans la mort! si elle n'allait plus se rétablir! si nous n'allions plus rentrer que par la brèche, avec la liberté octroyée et ramenée dans les fourgons anglais après quelque autre Waterloo! Car la liberté et l'empire — quadrature du cercle. Il n'y a que deux fins possibles pour l'Empire, la Restauration ou la Révolution. Notre choix ne peut être douteux. Tout pour la Révolution, n'est-ce pas? liberté, dignité, grandeur solitaire, œuvres de prédilection, attractions et répulsions, fortune, famille, vie, mémoire même, tout, excepté la conscience, nous devons tout au salut de la patrie! Ne soyons donc pas de tous pays, même avec la liberté; ramenons la liberté dans le nôtre, s'il est vrai que du salut du nôtre dépende un peu le salut des autres. Ne nous dénaturalisons pas tant, vous moins que personne, nous y perdrions trop. Redevenez vite ce que nous vous avons toujours connu, ce que vous étiez encore il y a deux ans, l'homme de la solidarité. La vérité ne change pas si vite que nous. Ce qui était vrai en 57 l'est en 59. Ce qui était alors devoir pour les autres, l'est aujourd'hui pour vous. Si vous rentriez donc, votre mérite élevé vous vaudrait de nouveau le suffrage de vos concitoyens;

votre courage civique vous ferait faire ce que vous
conseilliez aux autres... Vous parleriez dans cette
Chambre de muets ; vous signifiriez votre répugnance
à la tyrannie en face ; vous vous feriez *empoigner* comme Manuel... Et loin de vous avilir ce traitement
vous vaudrait un titre d'impérissable gloire. Mais
non ; je ne pensais plus au serment préalable qui vous
arrêterait court. Vous êtes plus scrupuleux que votre
modèle qui avait prêté, lui, serment aux Bourbons et
qui, pourtant, s'est couvert d'une impérissable gloire
en le violant. Soit. Vous pouvez laisser à d'autres, à
Ledru-Rollin, par exemple, l'honneur de n'être pas
plus consciencieux que Manuel. Vous avez, vous, heureusement deux cordes à votre arc, la plume comme la
parole. Et à défaut de la gloire de Manuel, vous auriez
celle de Carrel qui écrivait, son épée sur la table :
" C'est peu que le cri d'un homme tué furtivement au
" coin d'une rue. Mais c'est beaucoup que le cri
" d'un homme d'honneur qui serait assassiné chez
" lui, par les sbires du roi en résistant au nom du droit.
" Son sang crierait vengeance. Tout écrivain pénétré
" de sa dignité opposerait la loi à l'illégalité et la force
" à la force. C'est mon devoir, advienne que pourra."
Et vous serviriez mieux la France ainsi qu'en réfutant
même dar ; le *Times* sir F. Head ou lord Normanby.

Sans doute les dangers et les obstacles sont encore
plus grands aujourd'hui qu'autrefois. Ne parlons pas
des dangers, je ne veux pas vous séduire, je désire
vous convaincre. Voyons les obstacles ! on n'a plus la
liberté de la presse. Laquelle ? celle de Carrel ? celle
de Béranger, de Lamennais à Sainte-Pélagie, de Fon-
tan à Poissy, de Magalon aux bagnes, do Dupoty à
Doullens, la liberté de la presse avec la censure, les
lois de septembre et la *complicité morale* ? Le despotisme ne date pas d'hier dans notre malheureux pays.
Mais ne fesons à aucun régime passé l'injure de le
comparer au présent. D'accord ; on n'a plus même
cette liberté de presse-là. Eh bien ! on la prend. Il

y aura assez de liberté, s'il y a assez d'audace; il y aura une presse, s'il y a des écrivains. Il y en aura au moins un, si vous rentrez. Non, ce n'est pas là une objection. Jamais la matière ne manquera à l'esprit. Est-ce que M. de Montalembert n'a pas pu trouver une presse pour attaquer l'ennemi en France? Et l'Europe a retenti du coup. La moindre cloche dans Paris fait tocsin dans le monde. Laisserez-vous donc aux royalistes, aux catholiques, aux amis de tous les privilèges celui du courage face à face et de la lutte corps à corps? Vous êtes trop ami de l'égalité. Est ce qu'un des nôtres, Proudhon, qui n'est ni comte ni riche, n'a pas trouvé lui aussi une presse pour porter au même ennemi, dans le même lieu, un coup plus sourd peut-être, mais plus rude encore? Pendant ce temps que fesiez vous? Certes vous ne chantiez ni ne dansiez; vous écriviez votre noble réponse aux calomnies de Normanby. Qui le sait? Qui l'a lu en France? Vous avouriez qu'il n'y en a pas vingt exemplaires à Paris. Malgré tous vos services et vos lettres sur Cayenne, vous n'êtes pas même compris dans la dénonciation que l'empire a faite à l'Angleterre contre la propagande des proscrits. Ah! si vous les aviez écrites en France, le *Constitutionnel* ne les aurait pas reproduites comme nos dernières protestations. Et nous, *Commune*, qu'on accuse à tort ou à raison, d'avoir fait passer, grâce à notre humble format et à nos efforts collectifs, plus de cinquante ballots de pamphlets, nous convenons que nous sommes à bout, hors de portée avec nos flèches de Parthes, comme l'Autriche à Magenta, et qu'il est temps d'avancer et de forcer l'ennemi dans son camp.

Nous le pouvons, nous le devons. Si donc à commencer par le dernier sorti, si Proudhon rentrait et frappait un second coup de bélier dans le même mur; si vous, qui le valez, vous retourniez frapper avec la même force à la même place; si Victor Hugo retournait faire la suite et fin de *Napoléon-le-Petit*, ces procès-là fe-

raient-ils moins d'effet que celui d'un *Débat sur l'Inde ?*
Et si les plus célèbres, Raspail, Quinet, Leroux, Ri-
beyrolles... Eugène Sue manque, hélas ! si tous ceux
qui survivent, vieux et jeunes venaient à tour de rôle ou
tous ensemble frapper dans le même trou, est-ce qu'ils
n'enfonceraient pas le mur ? Est-ce que le peuple ne
finirait pas par entendre, par se lever et demander
l'assaut ? Et si Barbès alors, donnant la main à Martin-
Bernard, redescendait dans cette rue qui les connaît ;
si avec une poignée d'amis de leur trempe, ils refai-
saient contre l'empereur leur héroïque tentative de
Mai contre le roi, est-ce qu'ils ne serviraient pas
mieux la France...? Ils la sauveraient encore... im-
puissants maintenant, avec la queue d'émigrés, d'é-
migrés libres et dignes sur le pavé de Londres, de
La Haye et de Jersey. Je me trompe, nous ne sommes plus libres à Jersey pas plus qu'à Londres parfois ;
et j'aimerais mieux voir Simon-Bernard assis sur le
banc de Jules Favre que libre et digne à Newgate
avec un autre *Conspiracy Bill* au cou.

Enfin, songeons à ceux qui souffrent en prison, en
déportation, Blanqui et Miot à Lambessa, Deles-
cluze et Gent à Cayenne, Boichot et Gambon à Corte,
et tous ceux qui mangent, quand ils mangent, le pain
le plus amer de l'exil. Je n'insiste pas... Vous êtes re-
venu pour ceux-là de votre première rigueur touchant
la dignité. Dispense aux pauvres comme aux captifs !
Merci pour eux ! Mais le doute est jeté. Revenez
tout à fait et pour tous. Soyez bon pour les fous
comme pour les pauvres, pour ceux qui auront la sot-
tise d'être martyrs au dedans, comme pour ceux qui
n'ont pas le moyen de l'être au dehors. Le martyre
n'est jamais risible que quand il est inutile ; et celui
que vous proposez, l'exil volontaire, l'exil honoraire,
l'exil d'amateur, ne nous semble pas le plus utile de
tous.

Ainsi ces ouvriers du droit se mettraient en grève,
feraient leurs conditions, leur marché avec le maître

et diraient comme vous : Si vous nous rendez la liberté de ceci, de cela ; si vous nous ôtez la loi des suspects, etc., nous rentrerons à l'atelier et reprendrons nos travaux. Les voilà bien raisonnables, bien constitutionnels, un peu loin de la République ! Ils applaudiraient même. Ah ! pour le coup, c'est trop ! Applaudir qui, lui ? Le coup-d'Etat rendant la liberté ! Le voleur qui rend n'est pas quitte de la peine, comment serait-il digne d'applaudissements ? Nous rendra-t-il nos morts, rendra-t-il les pères aux orphelins, les maris aux veuves, les mères aux enfants ? Nous rendra-t-il Baudin et Pauline Roland et notre jeune Philippe Faure et tous ces prolétaires de tout âge et de tout sexe tombés sous son canon et sous ses guillotines sèches et moites ! Qu'il ressuscite ces morts et nous applaudirons. Jusque-là rentrons avec des sifflets pour le moins ! Poussons droit au fantôme et il s'évanouira.

Rendons, rendons l'âme au corps, le sang aux veines, le nerf aux muscles, la foi, la vie au cœur ; reversons tous ces vaillants de la pensée et de l'action, l'élite du parti, le ferment de la Révolution, l'élément le plus chaud, le plus prompt, le plus convaincu, le plus contagieux, toutes les forces vives de la démocratie ; mêlons, agitons ces milliers de combattants de juin et de décembre, de tous les mois de notre fatal calendrier ; rejetons toute cette masse énorme d'intelligence, d'enthousiasme, d'activité, de volonté, de dévouements, de ressentiments, de passion et de raison, toute cette vertu, tout cet amour, toute cette haine aussi, parole, écrit, génie, espoir, courage, toutes ces têtes, tous ces cœurs, tous ces bras dans le peuple, et si le peuple ne bouge pas, alors drapez-vous dans votre manteau de deuil et allumez non plus des phares mais des torches funèbres ; naturalisez vous à votre guise, vous n'aurez plus à servir la France nulle part, ni dedans, ni dehors, elle sera morte.

Autrement, que ferons-nous ? Ce que nous avons fait depuis dix ans que nous vivons et mourons ici librement et dignement et qu'ils vivent et meurent en esclaves là bas? Quoi donc? Rien, de l'aveu même des plus entreprenans, rien, pas même l'unité d'action. Des cris de colère contre rois et reines, des réfutations éloquentes, les vôtres, un, deux chefs-d'œuvre en vers et en prose, coups de foudre en l'air, plus pour la gloire de l'auteur que pour la chute de l'ennemi. Même après les *Châtiments* le châtié en est-il moins trônant sur terre, triomphant et amnistiant? Un acte de dévouement et d'audace fera plus en France que tous les livres imprimés à Londres. Nous somm·s là comme le chœur des Océanides, assourdissant le ciel et l'eau de nos tristes et vaines imprécations. Le vautour n'en ronge pas moins Prométhée. Le laisserons-nous continuer l'orgie encore dix ans? Lui avons-nous fait perdre un seul coup de bec? Oui, Orsini l'a dérangé un instant... et ce n'était pas de loin. Si nous n'étions pas bannis nous ferions tout pour l'être. Allons nous faire rebannir! Allons le combattre et non le consacrer. Allons grossir ses ennemis et non ses esclaves. Allons, non pas pour dire: "Sire, il n'y a rien de changé, il n'y a que des sujets de plus!" Mais pour lui dire: "Nous voici, c'est à vous de sortir!" On ne peut rien en France, dites vous. L'amnistie prouve la faiblesse plus que la force! En avant donc! Sus à sa faiblesse! Poussons, poussons au fantôme et il s'évanouira!

Le passé prouve l'avenir. Les faits plaident notre cause et lui fournissent deux vrais axiomes à l'appui. Toute idée, bonne ou mauvaise, qui émigre de gré ou de force est perdue pour son pays. Les absents ont tort. Les républicains anglais ont colonisé l'Amérique, mais ils ont laissé l'Angleterre à la royauté. L'aristocratie française est morte en France pour l'avoir quittée; le protestantisme y est mort de même. Toute révolution au contraire triomphe par ses proscrits, ses revenants, par sa minorité fidèle qui ne lâche point pied, ne cède pas le terrain, retourne sans cesse, sans réserve à la charge et finit ainsi par changer les majorités. Si la Plèbe romaine fût restée dignement hors des murs, elle eût peuplé l'Aventin, mais elle n'eût pas gouverné Rome. Si Mirabeau eût continué d'écrire librement en Hollande contre la Bastille, Dreux-Brézé eût eu chance de fermer le Jeu-de-Paume. Et pour prendre l'exemple le plus frappant de tous, si Christ avait dit aussi : *Ubi libertas, ibi patria*, s'il s'était isolé sur les hauteurs, s'il s'était contenté d'écrire en liberté dans quelqu'île de la mer rouge, ou de prêcher en dignité dans le désert, s'il n'était pas venu affirmer l'Evangile au milieu de Jérusalem, par devant les prêtres du Temple et les soldats du Prétoire, au nez de Caïphe et à la barbe de Pilate, il ne serait peut-être pas mort en croix, mais aussi le monde ne serait pas chrétien.

A coup sûr, nous ne sommes Christ, ni les uns ni les autres ; mais sans remonter ni si haut ni si loin, et pour nous en tenir aux hommes de notre temps et de notre pays, vous savez bien qu'un prisonnier malgré prison, police et armée, un homme seul, Mallet, a manqué faire une révolution contre le premier empire. Et ce qu'un homme seul a failli réussir contre l'oncle, le parti tout entier n'oserait le tenter contre le neveu ! Vous, savant historien, vous savez bien que les amnistiés de Louis XVIII, ce glorieux Manuel en tête, ont fait une bonne part de la révolution de juillet. Vous qui avez écrit l'*Histoire de Dix Ans*, vous savez bien que les amnistiés de Louis-Philippe, les réfugiés de Londres même où nous sommes, Marrast, Cavaignac, Guinard, etc., ont fait, en rentrant, une bonne part de la révolution de février. Enfin, terrible et dernière preuve, vous, membre du gouvernement provisoire, vous savez trop bien, hélas ! que l'amnistié de la République, Bonaparte lui-même, est rentré pour la détruire. Si le prince était resté dignement à Londres à protester pour son principe : s'il avait dit aussi : *Ubi princeps ibi patria ;* Quand l'empire rentrera, je rentrerai, certes nous n'aurions pas à rentrer nous-mêmes pour ramener la république.

Vous direz peut-être qu'en signant cette lettre et la déclaration de la *Commune*, je commets une inconséquence, j'imite ceux que je contredis et me ferme comme eux les portes de la France. J'espère bien que Sa Majesté ne me punira pas d'avoir poussé ses sujets à l'accomplissement de ses décrets, mais n'importe ! Moi, qui ne peux rien pour mon pays, je voudrais, au risque de ne plus le revoir, lui rendre ceux qui peuvent le servir et le sauver. Ce que j'ai écrit si longuement ici n'est donc que pour votre vraie gloire et notre vrai bien, pour défendre contre vous-même votre liberté d'action, si utile au salut de tous. Ami, souvenez-vous, il y a dix ans, le peuple vainqueur vous avait élu, et l'Assemblée, où je siégeais près de vous, vous bannit le premier. J'eus le pénible honneur de conduire le premier proscrit de la République jusqu'au convoi qui l'emportait en exil, et je lui dis en lui serrant tristement la main : Sans adieu ! au revoir ! Vous sortez le premier, mais nous vous suivrons tous bientôt, et avec nous, la liberté ! Eh bien ! le peuple militant vous élit encore et je vous dis encore dans la même conviction, et cette fois dans la joie de mon cœur : Rentrez les premiers, vous et vos pairs, et nous vous suivrons tous, et avec tous la liberté !

FÉLIX PYAT.